MINISTÉRIO DO TURISMO E ÁGUAS DE MANAUS APRESENTAM:

BIOGRAFIAS COLABORATIVAS

2ª EDIÇÃO

COORDENAÇÃO EDITORIAL	MAITÊ FREITAS
PRODUÇÃO EXECUTIVA	JULIANA OSMONDES
CAPA E PROJETO GRÁFICO	TUNDRA STUDIES - KARINA ABICALIL E CLAUDIO PORTUGAL
DIAGRAMAÇÃO	CAROLINA MENEZES
REVISÃO	JANAINA RAMOS E RAFAELLA PAIM

Catalogação na publicação
Elaborada por Bibliotecária Janaina Ramos – CRB-8/9166

S235

Santiago, Joely Coelho

Maíse: movimento é transformação / Joely Coelho Santiago – 2. ed. – Rio de Janeiro: Sagre Consultoria, 2021.

(Biografias Colaborativas)

72 p.; 14 X 21 cm

ISBN 978-85-93615-05-4

1. Biografias de mulheres. I. Santiago, Joely Coelho. II. Título.

CDD 920.72

Índice para catálogo sistemático
I. Biografias de mulheres

MAÍSE

MOVIMENTO É TRANSFORMAÇÃO

ESCRITO POR
JOELY COELHO

PARTE DO PROJETO

BIOGRAFIAS COLABORATIVAS
2ª EDIÇÃO

Oralituras

Este livro é dedicado a todas as mulheres
que moram em periferias, empreendem, sonham,
sofrem, superam, conquistam, aprendem, resistem,
acreditam, recomeçam, lutam e inspiram.

Às Chays, Maíses, Michelles, Rutes e Vandas,
o nosso muito obrigado.

O PROJETO

BIOGRAFIAS COLABORATIVAS MANAUS

Cinco manauaras. Batalhadoras, empreendedoras, periféricas, incríveis. A vida delas daria um livro. E foi isso que a gente fez. A 2ª edição do projeto Biografias Colaborativas traz o brilho e a personalidade de mulheres inspiradoras.

Chay, Maíse, Michelle, Rute e Vanda agora têm suas histórias transformadas em livros – livros que terão o último capítulo em branco. E é você que vai ajudar a preencher estas páginas. É que toda a receita das vendas será direcionada ao negócio de cada empreendedora. Assim, elas poderão investir em seus sonhos e escrever mais que um final feliz, um recomeço feliz.

O que queremos com isso? Queremos que outras mulheres vejam, se inspirem e corram atrás dos seus sonhos. Que acreditem que é possível empreender e ter uma história de sucesso na periferia. Essas cinco manauaras acreditaram e chegaram até aqui. E vão chegar muito mais longe.

PREFÁCIO

MULHERES MÚLTIPLAS E TRANSFORMADORAS

Escrever o prefácio de um livro sobre mulheres empreendedoras é quase tão intenso quanto falar da Amazônia. Acho que por ser brasileira, "caboquinha" e empreendedora trago a responsabilidade de chamar a atenção para essas histórias que serão reveladas por meio do projeto "Biografias Colaborativas". Cada biografia é única, tem a própria verdade e caminhos distintos, mas traz algo em comum: o acreditar que se pode realizar, seja por necessidade ou oportunidade.

Nos últimos meses, tive a oportunidade de conhecer um pouco mais sobre o negócio e a vida dessas brasileiras, que lutam, como tantas, para realizar seus sonhos. Tive momentos de inspiração e de transpiração, ao elaborarmos os planos de ação dos negócios que elas escolheram para colocar no mercado. Vou mencionar pelo menos uma característica de cada uma dessas cinco mulheres, que pode inspirar a tantas outras que querem ter o próprio negócio.

Começo pela Chay Santos, que traz a inquietude na sua fala e não mede esforços para usar a criatividade como um instrumento. Desde cedo, sabia que precisava romper barreiras e trouxe a autoconfiança como uma característica essencial para seguir como produtora de conteúdo no marketing digital.

Quando penso em Maíse Ribeiro, penso em alguém que tem a força do feminino e a transformação da mulher por meio da dança. Ela faz com que cada mulher revele a "deusa" que existe dentro de si e a força do empoderamento feminino. É encantador conhecer todos os elementos que a Dança do Ventre carrega e os benefícios que proporciona para a saúde física e mental.

A talentosa Michelle Leite é alguém que tem na alma o sonho de ser uma chef de cozinha reconhecida por uma culinária afetiva, baseada em memórias. Desde a infância, o gosto pela cozinha faz parte da vida da Michelle, e empreender tem trazido aprendizados e um mundo de novas oportunidades.

Uma história com grandes ondas pode ser revelada na vida de Rute Lima. Uma carioca que ousou recomeçar em um novo território, sem nenhum apoio financeiro ou emocional. Rute traz uma verdade tão profunda que pode deixar qualquer um estarrecido nos primeiros segundos de conversa. Sua narrativa e poder de argumentação demonstram um conhecimento profundo sobre o Direito e sobre a coragem para sobreviver, pois a vida exigiu muito.

Já Vanda Ortega carrega a história dos povos originários construída por resistência e luta, por meio de um negócio com foco na moda. As peças produzidas com os grafismos, pintadas à mão, transmitem originalidade e possibilitam uma conexão com a sociedade. Um trabalho que permite o fortalecimento de mulheres. Vanda tem uma verdade mágica e, ao mesmo tempo, encanta com a sua força e com a história de seus ancestrais.

Essas cinco histórias evocam coragem e podem impulsionar muitas mulheres na busca de construir o novo e de ter as suas vidas transformadas. Torço para que esse projeto possa continuar se perpetuando e que revele novas biografias com as nossas raízes brasileiras e a nossa etnodiversidade.

ROZANA TRILHA

PRESIDENTE DA ASSOCIAÇÃO ZAGAIA AMAZÔNIA

INTRODUÇÃO

Prestamos um serviço essencial para Manaus. Todos os dias, nosso trabalho faz a diferença na vida de mais de 2,2 milhões de pessoas que moram aqui. Um dos propósitos da Águas de Manaus é ir além da simples prestação de serviço. Nosso objetivo é construir boas relações com a cidade, ouvindo e conhecendo quem são as pessoas que fazem uma metrópole do tamanho de Manaus funcionar.

Ao buscar visibilidade para histórias inspiradoras na maior cidade do Norte do Brasil, o projeto "Biografias Colaborativas" encontrou uma conexão com os valores que a companhia aplica em seu dia a dia. As cinco empreendedoras selecionadas mostram que Manaus é uma cidade que está sempre de braços abertos, acolhendo a todos de maneira calorosa. Ao mesmo tempo em que busca crescimento constante, o manauara é um povo que nos ensina grandes lições diariamente.

Desde que o projeto nos foi apresentado, sabíamos que o "Biografias Colaborativas" tinha a cara da Águas de Manaus. Ao transformar as histórias de mulheres como Vanda, Rute, Chay, Michelle e Maíse, queremos nos tornar multiplicadores de oportunidades. Nosso intuito é que os livros despertem emoções e sejam fontes de inspiração para o sucesso do maior número possível de pessoas.

Agradeço à sensibilidade e ao envolvimento de nossas cinco biografadas com o projeto. Manaus merece conhecer essas histórias. Também agradeço ao Ministério do Turismo, NBS SoMa, Sagre Consultoria e Secretaria Especial da Cultura pela parceria. Boa leitura!

THIAGO AUGUSTO TERADA
DIRETOR-PRESIDENTE DA ÁGUAS DE MANAUS

SUMÁRIO

ESCRITO POR

JOELY COELHO

MAÍ SE

MOVIMENTO É TRANSFORMAÇÃO

CAPÍTULO

01

FILHA DE MARLENE

"DOS DIAS COM A MÃE"

Maíse Regina da Silva Ribeiro é filha de Marlene Silva e Rui Ribeiro e irmã mais velha de Cínthia Silva. Nascida em Manaus, passou a infância nos arruamentos do bairro Cachoeirinha. Suas origens estão ligadas aos indígenas da etnia mura, por parte da avó e da mãe. Ainda que Maíse saiba um pouco de seu lastro ancestral indígena, o contato com as tradições se perdeu pouco a pouco, uma vez que sua mãe foi criada fora das tradições de seu povo.

Quando sua irmã nasceu, seu pai abandonou a família, fazendo com que Maíse aprendesse a transformar a dor da solidão em força para sustentar um lar. Marlene, nas palavras de Maíse, "não era uma mulher de chorar pelos cantos. Ela era forte".

Do pai, Maíse herdou os olhos verdes, sua marca registrada. Sua vida continuou ao lado de sua mãe e acompanhada por seus avós de criação; já a irmã, desde pequena, morou com o pai e a madrasta.

Marlene formou-se em uma das primeiras turmas do magistério, em Manaus. À medida que crescia e o tempo passava, a criação por uma família não indígena afastava a matriarca de sua ancestralidade mura.

A mãe biológica de Marlene perdeu sua guarda quando ela tinha poucos meses de nascida devido a questões diversas, que foram de agressões a castigos físicos de toda a sorte. Assim, seu pai de criação conseguiu a guarda e a levou para Manacapuru, a 100 km de Manaus.

Em Manacapuru, Marlene ficou mais perto da dita "civilização" e, assim, foi aprendendo os primeiros ensinamentos repassados pela nova família. Após sua formação acadêmica, iniciou trabalho como professora em duas instituições da rede de ensino da região durante o dia e, no período da noite, trabalhava como escriturária.

O ano era 1969. Marlene havia se mudado para outra residência de seus familiares, localizada no mesmo bairro, Cachoeirinha. Do que ainda a memória guarda, Maíse lembra de sua mãe como uma mulher vaidosa, esbelta e alta, dona de cabelos pretos e escuros, sobrancelhas arqueadas e grossas. Mulher de poucas palavras, poucos sorrisos e escassas demonstrações de afeto. Uma mulher que passou parte de seus dias trabalhando fora e, a outra parte, trabalhando em casa. Marlene viveu

“A forma que minha mãe teve para demonstrar o amor que ela tinha por nós era trabalhando.”

para a família e para o trabalho, numa vida corrida contra o tempo em busca de seus sonhos e objetivos.

Guardiã de sua história, Maíse visita sua memória dos tempos de infância envolta num exercício de ausências, perdas, recordações e afetos que o tempo, até os dias recentes, manteve guardados ora expressando leveza, ora dureza. Seguindo os lastros da família materna, com o tempo Maíse buscou reconhecer e procurar seus familiares indígenas nos confins amazonenses. Uma tarefa nada fácil, uma vez que a etnia mura ocupara diversas áreas dos vales Madeira, Amazonas e Purus[1].

Maíse, ao longo de sua vida, tal como o povo mura, desbravou terras, territórios. Ainda que não tenha tido um laço forte e presencial com os seus familiares indígenas, a ancestralidade desse povo nômade protegeu Maíse para que ela crescesse destemida e viajasse Brasil afora.

"QUANDO A PELE É UM PROBLEMA?"

Maíse era como uma folha solta levada pelos ventos. Menina peralta do sorriso largo. A partir dos seus quatro anos de idade, já morando no bairro Japiim, em uma casa adquirida pela mãe, ela viveu o que era a felicidade de criança. A nova casa era linda: móveis em madeira rústica, cristaleira com louças variadas, talheres diversos e jogos de panelas. A vitrola lembrava um disco voador e Maíse passava horas observando o disco girar.

No fundo do quintal, o cajueiro e o mamoeiro forravam os estômagos dela e de seus colegas Val e Tamar. No piso cimentado, uma imponente castanholeira curvara-se e tanto protegia a frente da casa como servia de lar-ninho para os passarinhos da região.

Pique-esconde, bolinha, pega-pega e barra-bandeira eram as brincadeiras prediletas da garotada. Marlene agraciou a filha com bonecas de todas as cores, texturas e perfumes, joguinhos de cozinha e vestidinhos de boneca. Contudo, felicidade mesmo eram as brincadeiras que faziam bater mais forte seu coração de criança.

---

[1] Disponível em: https://pib.socioambiental.org/pt/Povo:Mura. Acesso em 23 de junho de 2021.

Ela correu. Pulou. Comeu mamão. Comeu caju fresco.

Nessa época, Maíse enfrentou um problema de dermatite atópica que se manifestava periodicamente, desde seus seis meses de idade. Uma doença que, segundo os médicos, era hereditária. Causava intenso desconforto na pele e no couro cabeludo. O incômodo era grande e vinha em forma de urticárias e através de bolhas que lembravam catapora.

Num lençol branco, ela repousou por dias difíceis até as bolhas secarem e a vida voltar ao normal. As bolhas foram e vieram. O corpo ardia. E nos momentos de crise, a menina Maíse era impedida de brincar com Val e Tamar.

De médico em médico: muitos exames, remédios, xaropes e pomadas diversas. No entanto, as bolhas voltavam sem mais nem menos. As bolhas cresciam, coçavam-coçavam. Espalhavam-se. A mãe de Maíse se viu sem saída para a inquietação na pele da filha, o que a levou a raspar os cabelos de sua primogênita. Ela não tinha outra solução para aquele problema de pele.

Chás, garrafadas de ervas diversas.

Tabacos. Unguentos. Óleos. Tentou-se de tudo um pouco.

Nada adiantava. As bolhas foram e vieram.

As bolhas apareciam com o tempo. Foram anos assim. Quando elas surgiam, mudavam a rotina de toda a família, que precisava se revezar para cuidar de Maíse. Buscaram tratamento dentro e fora do estado.

Os comentários dos vizinhos e familiares eram diversos. Uns pensavam ser feitiçaria; outros pensavam se tratar de doença espiritual; alguns diziam que era quebrante, mau-olhado; outros disseram que o problema se resolveria na menarca. E também tinha aqueles tantos outros vizinhos que não pensaram nada, mas sugeriram soluções de todos os tipos.

A cura farmacêutica, até então, não havia sido encontrada quando, numa certa ocasião, Maíse saía da sala de mais uma consulta médica do hospital, no Rio de Janeiro. Acompanhada por uma de suas tias, elas foram paradas por um senhor que elogiou a cor dos olhos de Maíse. Aquele ancião, trajando roupas brancas, sugeriu um ensinamento que, segundo ele, resolveria aquele problema de pele de uma vez por todas.

Lentamente, feito gota de água no deserto, as bolhas de Maíse foram secando-secando após ter feito o ensinamento indicado pelo tal senhor. A cura havia chegado. Aos oito anos, a dermatite não era mais uma realidade para sua vida.

"O LUTO PELA PRIMEIRA E SEGUNDA VEZ"

Maíse tinha sete anos de idade quando vivenciou o luto pela primeira vez. Sua mãe, Marlene, após exames de rotina aos 28 anos de idade, constatou um câncer de estômago. Na época, Cínthia, a irmã caçula, já residia com o pai e a madrasta desde muito pequena; e Maíse foi entregue para morar lá também, uma vez que sua genitora passou a viajar constantemente para o Rio de Janeiro a fim de fazer exames e tratamento médico para a doença que se alastrava.

Antes da doença, Marlene era uma mulher que ficava de pé desde as primeiras horas do dia. Muito ativa, cumpria expediente em duas escolas públicas durante o dia e, à noite, trabalhava como escriturária num cartório de ofícios. Marlene conseguiu trabalho muito rápido após graduar-se. Era dedicada e muito esforçada. Foi muito querida por onde passou. Trabalhou bastante. Dia e noite. Seguiu a vida como mãe trabalhadora e fez o que pôde para oferecer o melhor.

Mimou as filhas com brinquedos de todos os tipos. Bonecas. Laços de fita. Tiaras. Manteve-se ocupada durante o dia e a noite. Seu sinônimo era trabalho. E trabalhar era uma forma de demonstrar amor e carinho às filhas.

Independente, já com bens materiais e uma estabilidade financeira boa para a época, na flor da idade Marlene viu sua vida mudar rapidamente. A casa própria, envolta por árvores frutíferas, estava em ótima localização e isso era motivo de cobiça daqueles que a conheciam. Muitas mágoas assombraram suas noites de sono. Ao ter consciência do tumor, Marlene precisou sair da região para buscar tratamento.

"Minha mãe foi uma mulher forte e destemida que se preparou para a morte. Se preocupou com beleza, fez as unhas dos pés para ir bela ao seu sepultamento", recorda Maíse.

O dia passou a conta-gotas.

"Perdi minha mãe muito cedo. Passei por abusos sexuais na infância. Eu só fui viver quando saí de casa."

Triste. Dos minutos vazios que pareceram que a alma tinha fugido. Foram dois anos de tentativa médica para a cura da doença. Por meses, Maíse ficou, pela primeira vez, distante da mãe.

O medo era companhia fiel. Aquelas garotas testemunharam juntas os dias se fazerem noites. E por muito tempo os dias se fizeram noite. As tardes ficaram escuras.

A vida seguiu.

A nova realidade envolvia um leque de toda a sorte. Uma sorte que rasgou a alma e o corpo todo por dentro. Um sentimento horrível de estar sendo despedaçada tomou conta de Maíse. Ela queria gritar, mas não podia.

Como irmã mais velha, ela sentia a necessidade de proteger sua irmã. Os olhos de Marlene haviam se fechado, levando consigo aquele silêncio que só ela soube o motivo. Maíse sentiu a ida de sua mãe, pela madrugada, quando dormia com sua irmã Cínthia em uma rede.

– Cuide dela.

Na manhã seguinte, a notícia chegara à família.

Dias depois, o avô de criação de Maíse faleceu.

E tudo se fez luto, pela primeira e segunda vez.

Alguns anos se passaram e, Maíse e Cínthia já crescidas, após um acordo familiar, foram morar em uma outra casa com uma nova família: a família de criação com a qual Marlene viveu desde seus primeiros anos de vida. Desde então, Maíse perdeu contato com a família paterna.

"MAIS UMA VEZ O LUTO?"

A infância, antes marcada por brincadeiras, alegrias, frutas, idas e vindas ao mercado, músicas da Jovem Guarda, abraços e laços de fita deu vez a abusos chocantes e dias particularmente difíceis. A nova morada apresentou-se tão diferente que parecia um filme de terror. Uma realidade marcada por privações.

Foram meses assim. Anos se passaram.

Os cumprimentos eram secos, dados sem nem olhar a nenhuma direção. Saudade tomou de conta. Maíse queria voar para bem longe, mas ela devia esperar suas asas se firmarem para alçar voo. Esperar sua irmã. Se fortalecer e fortalecer a caçula.

Estudava. Fazia os laços do calçado da irmã. E, depois disso, dedicava-se aos serviços domésticos numa rotina regrada. Era como se estivesse pagando pela estadia, pelas despesas. A casa de sua mãe esteve apossada por novos donos desde sua morte.

Aquela casa, envolta por arvoredos e fruteiras, que ela havia comprado com tanto suor; as joias em ouro, as louças, os vestidos. Com quem estariam? O anel reluzente de formatura de sua mãe? Ela nunca mais o viu e essa é uma de suas grandes tristezas, pois sabia o quanto aquele anel era importante para Marlene.

Ele sumiu. Fez-se pó.

Por vezes, tinha a sensação de ter seu corpo invadido. Pensava que tinha morrido: havia acordado em um mundo de paredes e só podia ver o céu – ou o oposto disso. Uma invasão indesejada em que até os sentidos foram destruídos. Por vezes foi assim. Ela andava pelas ruas contando cada passo que dava, como se pisasse em cada rachadura, como se os pés estivessem desprotegidos em chamas de fogo. A dor era terrível, mas ela não podia contar a ninguém.

A dor garantiu que ela não podia contar com ninguém.

Doía a alma. Doía o corpo.

Os dias seguiram sem pausa. Era preciso blindar sua irmã. Ela se resguardou o quanto pôde. Não tinha ninguém, era apenas ela mesma. O pavor tomou de conta.

Os insultos. As ameaças.

O choro era seco. Até as lágrimas haviam abandonado Maíse.

O tempo passou e ela se fortaleceu com os duros golpes da vida. Fez novos amigos. Manteve-se esperançosa por aqueles dias incertos. Era apenas uma questão de tempo, lembrou ela. O nó entalado na garganta de quando muitas vezes ela não conseguia respirar fez-se sopro numa bela manhã de março.

CAPÍTULO

02

RENASCIMENTO

"TEMPOS ESCOLARES"

Apesar das dificuldades e carências afetivas, Maíse seguiu numa rotina atribulada e bastante movimentada. Permaneceu com a nova família após o falecimento de sua mãe, dos sete aos 14 anos de idade. Da antiga moradia no bairro Japiim, pouco pôde ser levado por ela; dos seus tantos brinquedos, apenas um ou outro na mochila improvisada.

A nova casa, herança do avô, era espaçosa, com vários quartos, salas, varandas e um quintal frutífero amplo. "Tinha um cachorro pastor alemão que ninguém da rua chegava perto. Ele já tinha até me mordido e, quando ele foi morar com a gente, ninguém chegava perto dele, só eu. O cachorro era apaixonado por mim e eu por ele", diz Maíse.

Das criações mantidas pela família, patos e galinhas ciscavam a terra enquanto Maíse contemplava as tardes de domingo com sua irmã Cínthia. A nova família era numerosa e todos dividiam esse mesmo ambiente, na época, localizado no bairro Beco do Macedo. Maíse se ocupava desde as primeiras horas do dia, ora com as atividades domésticas, ora com as atividades escolares.

"A gente era empregada. Lavava prato, lavava panela, lavava banheiro, passava pano na casa, trocava lençol. Tudo que uma diarista faz, a gente fazia. Estendia as roupas. Mas isso não chegava na minha irmã, porque eu não deixava; eu enchia uma bacia que tinha no quintal com água e sabão em pó e ela ficava brincando. Ela era muito pequena. Ficava na bacia brincando, fazendo sabonete, fazendo bolha de sabão", narra Maíse.

Na época do ensino primário, lembrada com afeto e saudade, ela fez amizades, participou de várias festividades escolares, entre elas festas juninas, projetos educacionais sem fins lucrativos, desfiles cívicos e jogos esportivos, embora nem sempre tivesse permissão para tal, já que sua guarda estava com o casal de tios-padrinhos que, na época, a privavam de muitas coisas. Na Escola Estadual Arthur Araújo, no bairro Nossa Senhora das Graças, Maíse foi uma das alunas mais atuantes nos projetos educacionais promovidos pelos professores e professoras.

"Na escola eu estava na frente de tudo. Eu era goleira do handebol. Eu era líder de muitas coisas; a professora de Educação Física dizia: a líder é a Maíse. Eu já era artista. Se tinha peça tal, eu era o papel principal. Uma vez fui escolhida para ser rainha de sala, na festa junina. Eles queriam que eu vivesse apagada, mas não tinha como ser diferente. Minha mãe era costureira e professora, muito cheia de ideias. Uma artista. Meu pai tocava violão, cantava. Então, já estava no sangue", lembra ela.

Na época, um projeto de coral de inglês e um Presépio Falante foram promovidos pela professora de inglês, que arrecadava alimentos não perecíveis para famílias em condição de vulnerabilidade social com o auxílio dos alunos e alunas das antigas 7ª e 8ª séries. "No Presépio Falante, eu era um dos magos", recordou Maíse.

Os alunos seguiam com a professora de inglês para bairros periféricos levando as cestas básicas para doação. Nesses bairros, organizavam uma mesa natalina enquanto preparavam sucos e alimentos para o lanche dos moradores e moradoras periféricos. Maíse servia uma bandeja de refrigerantes quando foi questionada pela professora:

– Maíse, você está rindo. Você está feliz! Por que você está feliz?

– Porque tem gente mais triste do que eu.

Aquilo era um incentivo para Maíse. "Eu via tanta pobreza que o que estava acontecendo comigo não era nada. As crianças pediam comida para o Papai Noel. Elas não queriam presentes, queriam comida! E, na época, era um bairro que estava em construção em Manaus. Eu tinha roupa, comida, tinha onde dormir. E eu comparava a minha dor com a dor dos outros; se fulano sofre tanto assim, eu não posso ficar com a cabeça baixa. Eu amava essa professora!"

Maíse estava sempre liderando alguma atividade escolar quando, em uma delas, fora a escolhida para ser a rainha de sua sala, no período de festas juninas. "A rainha de sala que mais arrecadasse dinheiro ganhava a competição. Eu vendi brigadeiros. Não ganhei a competição. A professora já tinha sacado a minha realidade. Era a professora Graça. Ela sempre me defendia", afirma Maíse.

No mesmo ano, Maíse foi escolhida para marchar no desfile escolar de Sete de Setembro. Tal feito girou os holofotes para a jovem, resultando em uma crise de ciúmes de sua tutora. Enciumada pela beleza e simpatia de Maíse, a tutora mandou retirar todos os dentes centrais e superiores da jovem.

“Eu já era artista. Uma vez fui escolhida para ser rainha de sala, na festa junina.”

*

Os contatos que teve na adolescência marcaram o ramo artístico escolhido por Maíse. À frente dos movimentos estudantis e festivos dos tempos escolares, os profissionais que esbarrou, os ensaios folclóricos de bairro, além da veia artística que pulsava. Filha de professora costureira que viu cortes de tecido serem transformados em peças de roupas de variados modelos.

Tempos se passaram quando ela foi reconhecida por uma senhora de terceira idade:

– Maíse, eu sabia que era você. – falou sorridente.

Era fim de tarde, quase noite. O lugar estava cheio de pessoas, era o Aeroporto de Guarulhos (SP). Maíse engoliu um generoso gole de água. Estava eufórica. Portava uma bagagem de mão cor musgo; mais adiante, seis mulheres dançarinas. Elas retornavam de um grande festival de danças persas no interior daquele estado.

– Professora Graça.

Acomodou os óculos quando reconheceu a professora.

O ano era 1992 e ela já havia formado o primeiro grupo de danças femininas chamado Mulheres de Arem, um grupo composto apenas por figuras femininas. Naquele tempo, algo inovador. Em outros tempos, os grupos eram formados por homens e mulheres; alguns, dependendo da dança, contava com a participação de crianças e adolescentes dividindo o mesmo palco. Grupos mistos que se apresentavam em épocas de festivais folclóricos, festas religiosas, festas juninas e manifestações culturais promovidas por projetos escolares.

"FESTANÇA REGIONAL: PRIMEIROS CONTATOS"

Os domingos de Maíse eram na igreja do bairro com a nova família. Na época, Maíse conheceu o padre Pedro e um grupo de irmãs religiosas da "Legião de Maria" que faziam diversos trabalhos, entre eles o de costura e o de artesanatos. Apesar de existir um grupo de jovens, Maíse se sentia mais confortável nesse grupo de mulheres de mais idade. E lá ela ajudou no que pôde, dentro das limitações da jovem que era.

Havia festividades de todos os gêneros no bairro, diversos ritmos, já que o Amazonas é conhecido por ser um estado recheado por festividades tradicionais. Na época, Maíse conhecera Benvindo Leal, o coordenador de dança Beirute, no bairro Beco do Macedo – em dias atuais, diretor do Sírio-Libanês.

Entre as realizações tradicionais, sete delas atraíam milhares de turistas de todas as partes do mundo, que procuravam o estado do Amazonas para momentos de cultura, lazer, (re)conhecimento, valorização e entretenimento. O Festival de Parintins, surgido em 1914 e oficializado em 1966, era uma dessas festas.

As expressões populares amazonenses serviram de fonte de inspiração para um futuro trabalho difundido pela mesma no Brasil e no exterior conhecido como "Fusão Regional Amazônica".

*

Foi numa dessas atividades comunitárias, especificamente, a partir do contato com a igreja do bairro, que Maíse teve a primeira oportunidade de ver grupos de dança enquanto eles realizavam, na quadra do bairro Nossa Senhora das Graças, seus ensaios de ritmos diversos – de músicas regionais a festas juninas e cirandas.

No bairro em que Maíse morava, existia o Festival Folclórico de Danças Internacionais do Beco do Macedo, do qual participavam várias danças de diferentes bairros de Manaus como a dança internacional libanesa, que era a Beirute e tinha quadrilha e ciranda. Esse festival ocorria com o apoio da igreja Nossa Senhora das Graças, no bairro Beco do Macedo. "E aí, nós íamos para igreja e via, né?! Eu era louca para dançar ali".

"FIOS EM JAPIIM E ARTE DE ENSINAR"

Adolescente, Maíse optou por sair da casa dos tios-padrinhos antes mesmo de completar seus quinze anos de idade. O ambiente era pesado e ela não aguentou por mais tempo tamanha situação. Foi embora deixando para trás sua irmã Cínthia, mas com a promessa de voltar o quanto antes para buscá-la.

Ela procurou abrigo na igreja com o pároco da comunidade, contudo, sem sucesso. Conseguiu morada na casa de uma grande conhecida, a tia Chica, uma costureira habilidosa que tinha seis filhos. A casa era simples, mas envolta por muito carinho e cuidado. Maíse estudava, ajudava nos afazeres domésticos e, logo, conquistou a amizade da tia Chica e dos filhos.

Tempos se passaram e, quando sua irmã Cínthia completou 17 anos de idade, as duas irmãs conseguiram morar novamente juntas e recuperar a casa da mãe no bairro Japiim após conversa e ajuda da tia Chica com a família que lá residia. Os vizinhos da antiga casa já não eram os mesmos, mas as fruteiras e os pássaros continuavam ali, com seus ninhos e cantos; a castanholeira também era a mesma dos tempos antigos, com sua imponente sombra acarretando frescor e suavidade na moradia. Contudo, Maíse e sua irmã viram-se obrigadas a vender a casa anos depois, quando se sentiram ameaçadas pelos vizinhos e vizinhas que não desejavam ter ao lado duas moças jovens independentes que, aos olhos da vizinhança, naquela época não condiziam com o formato de famílias tradicionais em Manaus.

Maíse trabalhou como menor aprendiz numa grande rede de lojas. Fez grandes amigos e continuou participando dos grupos de dança que se apresentavam em festivais folclóricos da região. "Eles se apresentavam como se apresentam até hoje. Os grupos de dança daqui são muitos. Eu dancei tanto na ciranda como na quadrilha e na internacional. Era tudo em arraial. Aqui tem muito arraial. Tem muita festa, nossa! Nos arraiais daqui os ônibus param na frente das escolas, pegam esses grupos de dança e levam para o arraial", lembra.

Maíse continuou nos ensaios do Beco do Macedo, mesmo após mudar-se de casa. Ela logo pesquisou os grupos de dança que se apresentavam naquela época, na perspectiva de ampliar os contatos nesses eventos regionais. Entre os espaços de apresentações folclóricas, conheceu o Festival Marquesiano, no qual as apresentações eram avaliadas por uma comissão julgadora e, em seguida, premiadas com troféus nas categorias Regional, Nacional e Internacional.

"O Festival Marquesiano é no bairro do São Raimundo. E lá eu comecei a dançar em vários grupos de dança. Aí eu fui e voltei para a dança palestina, dancei a libanesa", lembra Maíse.

No corpo de Maíse pulsava a arte desde a infância. Mesmo travando lutas familiares, abusos e privações, ela manteve o sorriso no rosto mesmo nos momentos mais sombrios. Costurou as próprias roupas de dança a partir de moldes de revistas famosas, já que havia tido contato com a costura na infância por meio de sua mãe e da tia Chica.

Dicas de maquiagens e fitas de vídeo cassete traziam as novidades de danças mundo afora e, assim, Maíse seguiu no aprendizado diário de passos, roupas e estilos novos. Foi durante uma execução de passos para uma nova coreografia que ela foi vista pelo professor Jorge Kennedy, na época, diretor de Cultura e Dança do Serviço Social do Comércio – o SESC de Manaus. Maíse foi abordada por Kennedy, que questionou se ela teria interesse em ministrar um curso de dança do ventre no SESC.

"Meu conhecimento de dança do ventre é pouco porque eu só vi os vídeos na televisão e é pouco para eu dar aula", disse Maíse em resposta ao convite. "Não, você vai lá comigo que eu digo para você até onde você consegue ir e, o que você não conseguir ir, o SESC vai trabalhar para você ir."

Maíse aceitou o convite já que, segundo o diretor, ela teria todo o apoio para realizar a atividade. No novo serviço, ela cumpriu função como profissional contratada e teve seu acordo renovado a cada ano, assim como o restante dos colaboradores. "Esse professor George Kennedy, ele me ensinou a falar; eu falava muita gíria e ele dizia: 'Não, Maíse. Você, como professora, você pode não ter o conhecimento total pois ninguém sabe tudo, mas metodologia de ensino você tem que ter'. Então ele me deu tudo; ele conseguiu para mim vários CDs de dança do ventre. Eu já tinha muitas fitas de vídeo cassete porque a colônia Palestina me dava umas fitas, mas de dança do ventre quem me deu foi o Jorge Kennedy", ressalta Maíse.

Maíse seguiu ministrando as aulas de dança do ventre no SESC por cinco anos. Aprendeu passos e palavras didáticas novas. Participou de cursos diversos dentro e fora da região. Viajou. Conheceu lugares, pessoas e estados. E, numa linha esotérica, utilizou a dança do ventre como arte e cura.

Inicialmente, montou seu próprio grupo de dança – um grupo composto apenas por mulheres nomeado "Companhia de Dança do Ventre Egípcia Tura". Um grupo de dança do ventre totalmente feminino que despertou bastante curiosidade nas pessoas já que, raramente, viam grupos femininos se apresentarem em festivais.

"A primeira vez que eu fui dançar no Marquês com roupa de dança do ventre com as meninas, meus amigos da colônia palestina estavam todos lá, sentados para assistir. De uma hora para outra eu apareci no arraial de barriga de fora e eles viraram as cadeiras de costas para o palco quando a gente entrou. Pensa na tristeza que eu fiquei. A gente dançou rindo para plateia, mas as mesas da frente estavam todas de costas para a gente", ressalta Maíse.

– Levanta a cabeça, porque quem está sendo preconceituoso são eles – aconselhou Cínthia.

Em 2017, Maíse comemorou em grande estilo as duas décadas da Escola de Dança do Ventre Casa de Ísis no Teatro Amazonas, num espetáculo com apresentações de bailarinas locais e um convidado especial, o grande mestre tribal Marcelo Justino.

"SEJA QUEM QUISER SER"

O trabalho como professora de dança possibilitou à Maíse um salário mensal e uma melhor organização financeira, além de mais visibilidade nas apresentações dos festivais. Entre as amizades que ela fez com as cursistas do SESC, tinha a Ana Clara. "Ela não tinha a mão era só o bracinho assim, sabe?! Mas ela fazia uma mão: ela enchia uma mão com aquelas mãozinhas de luva", lembra Maíse.

No desejo de ajudar a resgatar a autoestima de Ana Clara, Maíse a colocou como solista nas apresentações:

– Mas eu não consigo dançar de véu.

– Você é linda, olha! A dança não tem limite para isso. Esquece isso. Não tem limite – incentivava Maíse.

Ana Clara aceitou ser solista e o processo para libertação da mão artificial e artesanal logo chegou ao fim. Ela aceitou seu corpo do jeito que

"A dança do ventre foi meu rumo. E até hoje é minha cura e meu foco."

ele era. Casou e continuou uma vida mais livre. As cursistas de Maíse geralmente tinham uma condição de vida boa, já que elas pagavam mensalidade para participar das aulas. Havia casos de meninas que chegavam até lá devido a prescrições médicas para correção de postura corporal, distração da mente etc. De certo modo, havia casos em que algumas delas viviam em ambientes tóxicos e famílias desestruturadas; Maíse orientou e ajudou como pôde.

Maíse cumpriu expediente no SESC entre os anos de 1993 e 1998, quando reconheceu que aquela era uma oportunidade para buscar novos voos. Assim, ela optou em dar uma pausa nos contratos. No ano seguinte, abriu a primeira escola de dança de Manaus, a Casa de Ísis. O próximo passo foi investir em sua carreira como profissional de dança internacional e, por isso, buscou capacitar-se e fazer especializações na área.

O ano era 1998.

Dos grupos que teve oportunidade de participar, Maíse conhecera Benvindo Leal – coordenador do Grupo de Dança Beirute, na época do Beco do Macedo. A partir dele, Maíse ampliou ainda mais seu conhecimento na dança internacional.

Mas a vocação de Maíse também se tornou uma porta para entendermos a vida e as escolhas feitas por ela. Sua postura foi de investir naquilo que gostava e assim o fez. Após sair do SESC, no ano de 2000 fundou a primeira escola de dança do ventre na cidade de Manaus, no estado do Amazonas e, em seguida, viajou para São Paulo com a intenção de fazer cursos profissionalizantes de dança, deixando a escola na responsabilidade de sua irmã Cínthia Ribeiro, também professora e bailarina na arte da dança do ventre. Na época, os professores mais renomados do ramo estavam em São Paulo.

O ano era 2002 e a telenovela "O Clone" estava sendo exibida em horário nobre. Na época, Manaus testemunhou a chegada de produtos da cultura árabe da noite para o dia; as lojas passaram a comercializar, em suas prateleiras, revistas, CDs, DVDs, adornos, tecidos, vestimentas, maquiagens e objetos diversos da cultura árabe.

"Cínthia, eu vou à São Paulo porque eu quero ver de perto [materiais árabes recém-chegados na cidade] e eu quero um curso profissionalizante. Eu só estou no básico com as alunas, eu quero ir além".

Maíse pegou o voo com um namorado. Em São Paulo, procurou uma conhecida loja de produtos egípcios, a Casa de Chás, na intenção de fazer cursos profissionalizantes e comprar produtos para comercializar em sua escola recém-aberta.

– Olha, eu queria fazer umas aulas – disse Maíse à atendente da Casa de Chás.

Contudo, ela sentiu seu corpo analisado e descoberto pelos olhos da funcionária. Havia um panfleto com os cursos ofertados em cima do balcão.

– Marca aí com quem tu queres fazer as aulas – respondeu a atendente.

Maíse marcou no panfleto todos os cursos profissionalizantes que sempre almejou fazer. Aquilo era um sonho. Professores vistos, até então, somente pelo televisor. Uma oportunidade e tanto para aprender e ensinar suas futuras alunas.

– Você tem ideia de quanto é cada aula com cada professora dessa aí? – indagou a atendente da Casa de Chás à Maíse.

– Se eu marquei é porque eu posso pagar para fazer aulas com elas. Eu não vou marcar se eu não puder pagar – respondeu Maíse. O namorado de Maíse, que estava do lado de fora da escola, acompanhara a conversa calorosa quando decidiu intervir:

– Algum problema?

– Não, é porque ela marcou aulas muito caras – respondeu a atendente.

– Você está vendo algum pobre por aqui? Não julgue pela aparência. Ela pode fazer quantas aulas dessas ela quiser – retruca o namorado de Maíse.

– Meu amor, risque as aulas que você quer fazer – continuou ele.

– Daqui eu não quero fazer mais nenhuma. Você [atendente] é um exemplo de quem eu não quero na recepção da minha escola.

Maíse saiu incrédula e aos prantos da loja de cursos profissionalizantes. "Eu fui embora. Fui chorando no metrô com ele num frio do cão, decepcionada com São Paulo", lembra Maíse.

Em meio ao novo e ao estranho, Maíse não podia sair dali sem fazer os cursos que, por anos, fez economia para custear. No metrô, seguiu seu destino para a avenida 25 de março. Lembrou de uma outra empresa que prestava cursos na área da dança.

– Bom dia!

– Eu conheço essa voz! Essa voz é da minha cliente de Manaus – respondeu o dono da loja, Tony Mouzayek, lá no fundo do estabelecimento.

Maíse, antes de pisar nas terras de São Paulo, realizou seus pedidos por meio do telefone das empresas, disponibilizados em listas telefônicas impressas. Os pedidos eram enviados pelos Correios. "Mandavam espada. Era tanta coisa. As minhas primeiras coisinhas de dança eu falava no telefone e eles mandavam", recordou ela.

– Você é Maíse de Manaus eu tenho certeza.

– Sou eu mesma.

– Você está com os olhos inchados. O que aconteceu?

– Foi um episódio na Casa de Chás... Quero fazer aula.

– Eu vou lhe mandar para um lugar que você vai ser muito bem recebida – respondeu Tony.

Tony pegou um cartão de uma escola e entregou à Maíse. Era o cartão da Escola de Danças Luxor, na época sob a gestão do casal Leonel Consorte e Hayat El Helwa.

Hayat, assim que viu Maíse, observou nela um talento muito grande.

– Eu tenho dois meses para ficar aqui [em São Paulo] – disse Maíse.

Maíse fez sua matrícula na Luxor e as aulas seguiram de vento em popa. Após as avaliações, cerca de trinta dias haviam se passado quando ela foi questionada por Hayat:

– E aí? Agora você me conta tua história, porque tu não és só aluna. Tu dá aula já em algum lugar. Me conta aí?!

Maíse narrou sua saga à professora, as amizades, os sonhos, as alianças e os próximos passos que seriam seguidos por ela, já que tinha recém-aberto uma escola de dança. A intenção de Maíse era ficar por sessenta dias em São Paulo, fazendo cursos de dança e compras para uma loja de produtos egípcios que funcionaria dentro da sua própria escola.

– Por que que tu não passas dois anos se especializando aqui [em São Paulo]? Porque, Maíse, existe uma diferença entre ser uma professora e ser uma mestra. O que você quer ser? – questionou a professora.

– Eu vou ser uma mestra, porque eu vou formar outras professoras e outras professoras vão viver do que eu vivo. Manaus não tem isso, então eu sei que eu serei a primeira e, para isso, eu tenho que estudar.

Maíse retornou a Manaus e deixou sua recém-escola, a Casa da Ísis, sob os cuidados da irmã. Maíse residiu em solo paulista por dois anos

"Eu vou formar outras professoras e outras professoras vão viver do que eu vivo."

especializando-se em dança de cultura internacional, entre os anos 2001 e 2002.

Maíse foi indicada por Issa Yacoub, um renomado patriarca palestino em Manaus, para o Consulado da Palestina em São Paulo, onde pôde trabalhar como dançarina se apresentando nos casamentos palestinos na cidade.

Não foram poucos os olhares preconceituosos que Maíse recebeu das colegas de trabalho. Certa vez, Maíse ouviu comentários de outras bailarinas do mesmo curso profissionalizante que alunas paulistanas também faziam:

– Trouxeram essa menina lá do Nordeste para dar aula no nosso lugar?! Vai ver essa garota não sabe nem falar.

– Deve ser dessas meninas que dançam em cima de mesa. Tu viste quantas turmas ela ganhou?! Duvido que isso saiba dar aula.

– O mapa do Brasil é igual em todo o Brasil. Sou do Norte, sou do Amazonas. E não, eu nunca dancei em cima de mesa! – respondia Maíse.

Esses comentários só fortaleceram sua coragem e força para superar seus desafios de aprendizado na arte da dança. Maíse apresentou-se em variados espaços que reproduziam a cultura árabe. O tempo em São Paulo passou rápido e ela aproveitou o quanto pôde para ampliar seu conhecimento.

Maíse conseguiu ficar dois anos em São Paulo, profissionalizando-se. Na época, acostumada a confeccionar a própria roupa de dança, foi aconselhada por Hayat para fazer investimentos em roupas produzidas por artistas da área:

– Porque além de estudar, tu vais ter que investir. Quando for um evento aqui [em São Paulo], tu não podes dançar com uma roupa que tu fizeste. Tu vais comprar uma roupa com um costureiro famoso.

O pagamento das peças que Maíse demonstrou interesse seria descontado no acerto mensal do seu salário. E, assim, Maíse encontrou uma boa oportunidade de adquirir roupas produzidas por outros profissionais com um preço acessível a seu bolso.

Fim de 2002. Terminava a temporada de Maíse em São Paulo. Chamou um táxi e partiu para o aeroporto. Era noitinha quando correu pelo aeroporto com suas malas e mochilas. Em menos de quatro horas, seu voo fez pouso no Aeroporto Internacional de Manaus Eduardo Gomes. Seus sentidos, rápidos, captaram a chegada na capital amazonense.

A quentura da região, as cores, os sabores, os aromas, as texturas... Famílias iam e vinham.

CAPÍTULO

03

LUZ, CÂMERA, MOVIMENTOS E ELEMENTOS

"POR TRÁS DAS CORTINAS"

Maíse raramente ia para barzinhos, shows de música, salões de festas; preferia assim. Como ser entendida pelas famílias que matriculavam suas filhas na escola de dança de uma renomada empresa à qual prestava serviços caso fosse vista com uma garrafa na mão? Frequentava cinemas, shoppings, parques, feiras culturais: eram suas distrações para além da dança e dos festivais que participava.

Ela estava sempre atarefada, ora em casa, ora na rua, ora no trabalho. O seu trabalho, por meio da arte da dança, foi alcançando grande notoriedade. Conseguiu o suficiente para botar o que comer na mesa, pagar as taxas de água e energia, o aluguel, as viagens para distrair a mente e, assim, seguiu na arte da dança.

Certa vez, recebeu propostas inusitadas e cheques em branco de um empresário em Manaus com um pedido indecoroso, que foi contornado e recusado com um sorriso no rosto. Todas as vezes que presta serviços com suas apresentações de dança, Maíse tem o cuidado de não permanecer entre os convidados e tem a postura de ir embora logo após sua apresentação.

A nova rotina de trabalho com suas apresentações de dança trouxe novas experiências e essência. Por dias, envolveu-se no esconde-esconde dos véus e nos movimentos suaves dos corpos. Sentiu não ser mais a mesma. Sentiu que o rancor e a tristeza não tinham horários marcados em sua vida.

Ela bailou, curvou-se à deusa da fertilidade, às curvas das mãos no ar, às sutilezas dos pés envolvidos por uma gargantilha reluzente. Sentiu que a aprovação da sociedade, diferente de outros tempos, deixava de ser pesadelo e insônia.

Mudou de visual e fez franja no cabelo, coloriu as madeixas longas em tom vermelho – que é sua marca até hoje. Seus olhos marcados lembravam o rio Nilo, quando suas águas beijavam o sol. Lançou mão da dança como técnica, arte e cura. Desbarrancou diferenças que se distanciavam e ao mesmo tempo se atraíam, na subida e descida das correntes fluviais paralelas que cruzavam os inúmeros lagos, igarapés, várzeas e terras firmes, constituindo extraordinárias artérias de irrigação na dança.

Com o decorrer de sua evolução dentro da arte da dança, Maíse passou a escrever seu nome na história da dança do ventre no Brasil: tornou-se precursora do estilo tribal regional amazônico, é madrinha do maior festival de dança do ventre da América Latina, o "Mercado Persa", foi campeã brasileira no estilo de dança do ventre tradicional no concurso do "Mercado Persa", é madrinha do Festival Hathon, na cidade de Curitiba, é uma das representantes da #SOSAMAZONICA e chegou a representar o Brasil em Buenos Aires, na Argentina, no Uruguai e na cidade de Lima, no Peru. Foi inclusive convidada para ser capa do cantor Tony Mouzayek, da novela "O Clone".

De repente, via-se um olhar novo de uma nova pessoa que percebeu que sempre é tempo para fazer coisas diferentes. Era ela, à frente das cortinas do palco para a vida.

"STATUS: CASADA"

Maíse se casou com seu primeiro marido aos vinte anos de idade. Foram muitas histórias de amor e, hoje, está casada com seu sétimo marido há oito anos. Os amores eram breves, ora por encontros que duravam três, cinco anos, ora por exigências do parceiro de que ela largasse a dança para cuidar exclusivamente dos serviços domésticos. Precisou correr. Ela correu contra si mesma; perdendo ou ganhando, ela correu sempre.

A vivência no mundo da arte fez Maíse alcançar voos inimagináveis. Os convites chegavam a todo momento. Festas de casamento, bodas, aniversários árabes, festivais regionais e internacionais de dança ocupavam seus dias, dia e noite. Chegar a esse patamar, tornar-se uma empresária conhecida na região e ver o caixa dobrar de valor foi algo que havia aguardado por muito tempo. Até então, ela nunca tinha visto tanta cédula junta em torno do próprio trabalho – não havia sido nada fácil no início, já que o empreendedorismo, comumente, estava ligado às questões de raça e gênero. Ela já havia sentido na pele o que era ser mulher fora do setor doméstico, num setor destinado apenas aos homens.

Viajou, conheceu países, pessoas, fez todos os cursos que teve oportunidade. Tornou-se uma das mulheres mais influentes na dança do

"Era mais seguro
pra mim
me verem
como casada
do que como
solteira."

ventre manauara, sendo reconhecida no Brasil. Conquistou títulos, troféus e premiações importantes. Entrar em contato com esse novo mundo foi, para ela, um acerto de contas com o passado. Um romper de estereótipos com uma sociedade machista e preconceituosa.

Teve certeza de que tudo que estava vivenciando era realidade. Definitivamente, é preciso acreditar que aquilo tudo era verdade!

Nas festas de fim de ano, ela comemorou por muito tempo com os amigos da dança. A arrumação acontecia há dias. Comemoravam o mês de dezembro em uma passagem com direito a comes e bebes de toda a sorte, fartura, músicas e, claro, danças. Era recomeço, nascimento. Era preciso agradecer também aos santos, às santas, aos deuses e às deusas. Afinal, não era sempre que o Menino nascia na manjedoura cristã. Eram comemorações fantásticas! Havia queima de fogos em todos os cantos.

A cidade pulsava com tanta agitação. Shows, restaurantes, hotéis e pousadas públicas e privadas ofereciam diversões para todos os gostos. A cidade brilhava e acompanhava de perto as luzes de Maíse-empresária: "Eu morava dentro da escola e, para mim, estar vivendo daquilo, que era dar minha aula, pagar a prestação de um carro que eu tinha, pagar meu aluguel, ter minhas roupas de dança e viajar para competir... era a vida que eu pedi a Deus!"

Festou. Aproveitou o quanto pôde essa fase de muito dinheiro. Trabalhou de sol a sol, acumulou experiência, amizades, amores, cansaço e dívidas. O guarda-roupas estava lotado de trajes para dançar. Adquiriu bens. "A Casa sempre pagou para funcionar. Sempre sobrou dinheiro para eu pagar minhas contas e viajar. Eu pagava tudo da Casa e o que sobrasse para mim estava bom".

O administrativo foi esquecido, ficou tapado por uma cortina de fumaça por um tempo. E, de tanto tirar e não devolver, o ano de 2007 foi marcado por um grande susto. O fluxo de caixa estava comprometido. A Casa de Ísis estava no vermelho e corria o risco de fechar suas portas. Ela não tinha um plano de negócio redigido.

A coisa havia crescido, ganhado visibilidade. Mas e o setor financeiro? O administrativo? Formou tantas alunas que agora elas eram suas concorrentes no mercado. "Elas foram se profissionalizando e abrindo seus próprios espaços. Mas a missão era essa. Se eu não fizesse isso eu estaria sendo hipócrita por guardar um conhecimento para mim, para só eu ser o monopólio", ressalta Maíse.

Lembrou-se dos brinquedos espalhados, por ela, na casa em Japiim; das bonecas destroncadas, operadas ao entardecer do dia. Só depois de algum tempo ela percebeu que não era uma profissional qualquer e que precisava se organizar urgente. Ela percebeu que seu setor empresarial precisava ter ao menos o básico para lidar com prestadores de serviços, fornecedores, colaboradores, caixa para girar a roda gigante e um plano de negócios para organizar tudo isso o mais breve possível.

Tivera uma ideia baseada num festival de danças de São Paulo: seu sonho era realizá-lo no estado de Manaus com características regionais e, dessa maneira, nasceu o Festival Belly Dance Jungle, que no ano de 2021 completou a 14ª edição. Na época, a primeira edição do Festival Belly Dance Jungle foi um grande investimento à custa de créditos pessoais e jurídicos sem nenhum patrocínio. Realizado no salão do Hotel Tropical de Manaus, o evento abriu espaço para outros grupos dançarem. Com direito à venda de ingressos, roupas para dança, instrumentos árabes e culinária.

"Levei minha empresa no contador. Fiquei rica em um mês com vários créditos nos bancos. Cartões de crédito pessoal e jurídico. Passei cinco anos pagando! Eu pagava cachê para cursos virem para cá, porque santo de casa não faz milagre. As meninas, professoras do Norte, são todas as bailarinas que eu formei no Amazonas. Elas vinham e vêm até hoje; criei um mercado com esse festival que fez com que a escola de dança Casa de Ísis ficasse de pé", afirma Maíse.

Como água que contorna galhos e pedras em seu curso, a empreendedora arriscou e conseguiu respirar melhor no financeiro. Percebeu a importância de ficar com olhos abertos em todas as frestas de luz que beirassem a Casa de Ísis, até porque, os números de escolas de dança haviam aumentado e saber lidar com a concorrência era necessário.

"Hoje eu acho ótima a concorrência, ela leva a dança do ventre onde eu não alcanço", lembra Maíse. Nesse sentido, ela procurou fazer alianças e parcerias. E apesar de conflitos e disputas, percebeu que havia espaço para todos/as nesse ramo. Mesmo com todas as dificuldades da primeira edição, adquiriu experiências no decorrer das quatorze edições do Festival Belly Dance Jungle e tem o sentimento que o evento abriu uma vitrine para todo Brasil e exterior para alavancar as carreiras dos bailarinos da região Norte do Brasil.

No ano seguinte, 2009, seu festival ganhou mais um dia. Foi realizado entre um sábado e um domingo com direito a passeio de barco nas águas amazonenses. A ideia inovadora atraiu turistas. Era um grande acontecimento de cultura e empreendedorismo regional liderado por uma empresária de dança do ventre. Um novo espaço onde grupos de dança passaram a se encontrar e (re)afirmar suas alianças.

– Fiz o Brasil olhar pro Amazonas como uma potencialidade – ressalta a empreendedora.

"TERRA, ÁGUA, AR E FOGO"

Taróloga há mais de duas décadas, Maíse era procurada por aqueles que conheciam seu dom. Eram amigos de longa data que buscavam conselhos e respostas frente às vírgulas da vida. Mais adiante, ampliou seu conhecimento em baralho cigano.

O que mostravam as cartas sustentava suas forças para manter firmes os pés no chão. Afinal, as cartas não mentiam. Um contínuo encontro dos pés com o barro. O trabalho com o baralho cigano foi um ato solidário, desenvolvido a partir da espiritualidade. Com o passar do tempo, Maíse lapidou seus sentidos e movimentos no vento que insistia em soprar fino em seu rosto. Maíse trazia leveza dentro de si, desde criança. Otimista, via sempre o lado bom de certas coisas acontecerem.

Pisciana do elemento Ar, o terceiro da natureza, Maíse é uma eterna sonhadora que concretizou seus projetos com muita sutileza e desenvoltura. Leva uma vida bastante ativa e, ainda, planeja concluir sua graduação em Psicologia pós-pandemia de Covid-19. Assim, organizou seu tempo entre a Casa de Ísis, os estudos e a vida pessoal. Assessorou, organizou, criou e recriou; projetou, colocou em prática, rabiscou, apagou, rasurou. Reiniciou. Reorganizou.

À Casa de Ísis, dedicou grande parte de sua vida. Recebeu mulheres de todos os credos. Carregou-as no colo. Carregou-as no peito. Eram mulheres que procuravam a Casa para trabalhar os movimentos do corpo

"Eu ensino por meio dos elementos naturais, através dessa conexão com os quatro elementos da natureza."

a partir dos quatro elementos da natureza – Terra, Água, Ar e Fogo – e com instrumentos peculiares, na busca pelo equilíbrio do corpo e da alma. Na Terra, sustentamos nossos corpos e edificamos nossos sonhos e projetos deste plano. A realidade que nossas írises enxergam. Aquilo que conseguimos apalpar; o palpável que lembra rigidez, fecundidade.

Na dança, o elemento Terra era simbolizado pelas flores, bastão e batidas de quadril. As mulheres de Ísis procuraram trabalhar esse elemento pelo desejo de equilibrar a realidade. Desenvolveram a paciência, o autocontrole, a concentração. Com passos firmes e rápidos, envolveram-se na Terra. Sentiram a Terra por meio da sensibilidade. Petrificaram seus pés no chão com o vento que soprava o véu usado por elas. Sustentaram ali suas forças com os movimentos que cortaram o vento e envolveram todo o espaço.

O movimento corporal com a espada era feito por elas com habilidade. Equilibraram esse instrumento com peso considerável na cabeça, mão, cintura, busto, abdômen ou perna enquanto curvavam seus corpos sincronizados, jogando-os para frente e para os lados. Corpos viram; corpos vibram. Elas os apoiavam com as pernas e sentiam o chão.

Sentiram o Ar. A espada, simbolizava esse Ar que, fisicamente, foi sentido por meio de uma leve ventania que fazia os cabelos bailarem. Fizeram giros dos braços, pernas, abdômen e pescoço como um todo, com véus levinhos.

O Fogo era realizado com movimentos que as deusas da Casa de Ísis trabalharam a partir de chamas de velas, castiçais e tochas. É um elemento forte, vibrante. Na busca por esse elemento quente em equilíbrio, as mulheres trabalharam a coragem, a iniciativa e o dinamismo.

A dança das taças era esperada com ansiedade pelo público. Corpos se movimentaram à luz delas. Iam e vinham; giraram; ergueram taças no espaço; encontraram-se em círculos no chão; envolveram-se nos sons, no fogo que correu e alimentou chamas incontroláveis. Línguas trepidaram e acompanharam a apresentação do grupo; palmas entoaram com as moedas douradas das vestes na cintura.

A busca por esse equilíbrio foi uma luta constante.

Maíse e o grupo de dança aguardaram nos bastidores a mais uma apresentação. Era a dança com o elemento Água que, assim como todos os outros elementos, estava presente no espaço e no corpo físico. Na dança, esse elemento era representado por jarros e movimentos circulatórios que imitavam o nadar de sereias. Nisso, as sacerdotisas buscaram hidratação, pureza e limpeza. A água simbolizava a fluidez, a possibilidade de ser maleável enquanto ser humano / a.

Maíse contornou os obstáculos, feito água que se recusa a parar seu leito com as pedras que no caminho. Não como forma de superação, mas sim, como construtora dos achados à frente.

As pessoas estavam curiosas. Era noite, as luzes estavam apagadas. Das cachoeiras e das fontes, ela surgiu contornando o corpo no espaço do anfiteatro. Curvou-se à sereia, à Mãe d'água. Fios de prata envolviam sua vestimenta feita com rendas transparentes. Ela repousou no chão. Equilibrou-se com um dos braços enquanto o outro encenava feito serpente. Hipnotizou.

Óleos perfumaram o ambiente. Os passos eram únicos. Envolveram a imaginação no mais perfeito pecado humano. O pulsar do corpo deu sinais; acordou veias que estavam adormecidas.

Suave e receptiva, ela chamou para perto de si aqueles olhos famintos que, de longe, engoliram com força e precisão os gestos que pareciam dar nó no ar. Trepidara os quadris, vibrou a perna com a ponta do dedão. Correu no chão do palco. Encontrou-se no meio dele. Sumiu e apareceu entre os véus. O corpo molhado das energias que fluíam transformando tudo em dança. Tudo em movimento. As fronteiras se misturaram aos cosmos.

Ela saiu do palco.

Cortinas se fecharam.

Sorrisos, suspiros, gritos, aplausos e assobios testemunharam o espetáculo da sacerdotisa de Ísis e seu grupo feminino.

CAPÍTULO

04

SENTIDOS

"TROCA DE ALIANÇAS"

Maíse amava cores e sabores desde a infância. Foi movida pelo vento. Aprendeu, com o tempo, que nem sempre o uso da força é o mais indicado para resolver as pedras dos sapatos. Como uma boa combatente habilidosa e cheia de ideias, ela saltitou pelos pedregulhos movida por seu instinto ancestral mura. Vivenciou muitas situações racistas e machistas, mas aprendeu com todas elas.

A vida foi mudando bastante a cada ciclo. Responsabilidades cresceram e mudaram de forma. Foi necessário manter um padrão mínimo de consumo para sobreviver e pagar as taxas que chegavam periodicamente. Passou por altos e baixos, entretanto, nunca sentiu o vazio nas panelas. Por vezes, sua chama definhou, mas jamais apagou ou perdeu o brilho. Ela renasceu a cada apresentação artística e, no chão do barro em conexão com a Terra, levava leveza e alegria junto com as deusas da Casa de Ísis.

À medida que seu nome ganhava visibilidade no ramo da dança, os convites aumentavam. Por um longo período, ela e seu grupo feminino foram exclusivamente chamados para casamentos árabes em solo manauara que, nos confins do mundo amazônico, (re)construiriam suas vidas.

Incontáveis levas de imigrantes trocaram alianças com pretendentes do país de origem, mas também formaram famílias com pessoas do Norte e reorganizaram seus costumes em solo amazônico. Trouxeram suas culturas e cores e, compartilharam com a sociedade existente seus sabores – como o do tabule, preparado tradicionalmente com farinha de quibe e especiarias, mas que Maíse reinterpretou e deu cara nova a partir de folhas de cheiro verde.

É manhã de março de 2010. Sanhaçu invadiu a cozinha de Maíse para bicar uma goiaba colocada junta com outras frutas na mesa. Na noite anterior, ela tinha organizado os instrumentos e a roupa de dança que usaria naquela tarde. Seria uma tarde de festa árabe em um casamento. Ela estava ansiosa, mesmo com a coreografia na ponta dos pés. Forrou o estômago com ovos mexidos e uma xícara de café preto.

Para ela, mais uma cerimônia religiosa árabe celebrada em três dias de festança e rituais típicos. De longe viam-se as luzes que clareavam o salão. Elas eram tantas que até parecia mais dia do que noite. O queimador de incensos agradava o olfato pois exalava cheiros típicos do mundo árabe. As pessoas passavam e esticavam o pescoço até dobrarem na rua seguinte. O cortejo de carros era grande. Um mais moderno do que o outro. À movimentação numerosa foi preciso acionar um grupo de sinalizadores para guiar o trânsito.

"Estávamos em vinte meninas. Chegamos nesse casamento. Deixei as meninas numa sala reservada e fui ver o que estava acontecendo – também para saber por onde nós iríamos entrar para dançar", lembra Maíse. As mesas estavam divididas em duas volumosas fileiras e, entre elas, um espaçoso tapete cor bege estava esticado da porta principal até uma tenda com tecidos ao fim do salão.

De um lado, famílias palestinas em cadeiras confortáveis, acobertadas em luxuosas toalhas bordadas que banhavam as mesas. Os bordados eram marcantes e, juntos, formavam quadradinhos que se uniam a outros quadradinhos. Entre eles, flores em tons de verde, vermelho e azul "cor do céu" em tardes de agosto. As toalhas eram em cor laranja clarinho e lembravam veludo quando palpados. Sobre elas, jarros com generosos buquês de flores brancas e lilás, estátuas e tecnologia de última geração, além de carrinhos de comida que passavam a todo momento servindo alimentos e chás.

Maíse e seu grupo de dança feminino puderam acompanhar de perto a troca de alianças entre os noivos. O grupo de dança entrou e invadiu o espaço com uma banda paulista acostumada a tocar ritmos árabes. Elas trajavam saias brancas e tops com pedrarias na mesma cor; realizavam movimentos delicados e sinuosos em ritmo lento, específicos para a cerimônia religiosa. Os convidados/as acompanharam atentos tamanha apresentação; lembraram de seus casamentos. Era um exercício voltar a seus países sempre que viam aquelas danças ritualísticas.

As emendas do corpo pareciam soltas. Palmas e gritos encerraram o cortejo com as dançarinas equilibrando candelabros e velas. Celebraram a nova vida e a união do casal, desejaram felicidades e luz nos próximos dias.

"Ele não tem dinheiro, não, mas ele é libanês."

"CANELA E ROSAS BRANCAS"

O ano é 2018. Em uma certa noite de sexta-feira, durante os preparativos de Maíse com suas alunas para o Encontro Natural, atividade desenvolvida com o propósito de relaxamento, Maíse arrastava com ela, pela cozinha, uma de suas saias floridas. As estampas eram de girassóis num pano de fundo cor vermelho encarnado. Já eram lá pelas dez horas da noite. Ela preparava um lanche para o piquenique de café da manhã com as deusas da Casa de Ísis, marcado para o dia seguinte.

Era cedo. O dia ainda não havia clareado por completo. Maíse já estava de pé a caminho para um parque onde o grupo de mulheres havia marcado encontro. A grama do parque estava úmida com o sereno da noite.

Uma toalha espaçosa forrou a terra. Xícaras de café, copos, pratos, facas de manteiga, colheres. Bolo de pamonha, bolo de macaxeira, bolo de fubá, bolo de chocolate. Pão fresquinho, queijo, presunto, frutas, cremes de cupuaçu. Pupunha cozida. Café preto, leite fervido e achocolatado. Mulheres.

Um vento fino balançara as folhas dos arvoredos do parque. Crianças brincaram mais adiante. Casais caminharam em passos largos por todo aquele espaço. Passos curtos e firmes eram dados pelos de mais idade, que aproveitaram o dia para esticar as pernas e atualizar a vitamina D de forma natural. Um casal de araracanga equilibrou-se num dos galhos bem no alto.

O suiriri entrara apressado, levando um inseto no bico ao ninho feito no poste de eletricidade enquanto outras aves aproveitaram certos momentos para descer rápido no chão e banhar-se na areia fina; sacudiram as asas entre a terra, levantando leve poeira; entoaram seus cantos, quebraram a rotina dos humanos que passavam por ali com seus movimentos mecânicos.

Um jovem dormia no chão, a poucos metros. A palma das mãos no mesmo tom que o dos pés. Descalço. Maltrapilho. Ao redor dele, bitucas de cigarro, uma garrafa com três dedos de álcool de posto de gasolina e um sachê de pó de suco de groselha. Sozinho, parecia um pacote fechado abandonado por um estranho.

Piquenique organizado. Trataram de pegar seus véus na bolsa. Sete sacerdotisas para dançar os sete véus. Cada uma delas trajava um véu com uma cor específica: vermelho, laranja, amarelo, verde, azul-claro, lilás e branco.

Quando a música instrumental foi acionada, as sacerdotisas realizaram movimentos bem elaborados, dentro do mais perfeito equilíbrio. Movimentos de braço e busto em formas de oito, redondos.

Uma quebra de rotina em que elas puderam cultuar os elementos da natureza mais de perto enquanto se conectavam a cada palavra dita. A cada som sentido. A cada elemento.

Oito laterais.

Redondo interno.

Redondo grande.

Continuaram seus movimentos.

Simbolizaram a transmutação na dança com os sete véus. Despertaram a força e o poder ao mesmo tempo que proporcionavam ar de mistério e leveza. A dança durou contados sete minutos de apresentação ao ar livre. A sensação pós-dança era de liberdade total naquela manhã ensolarada de primavera em que bromélias em tons de rosa vivo as honravam no dia alegre de sol potente.

*

Vez por outra, Maíse muda de posição as mobílias e revira todo o espaço com o propósito de energizar o ambiente. Troca as almofadas coloridas de lugar: inverte as vermelhas com as cores de laranja. As verdes com as estampadas. As azuis com as lilás. As pretas com as listradas. As amarelas com as quadriculadas.

O cheiro permanece.

À deusa da fertilidade, Ísis, uma luz de velas é acesa sempre que a Casa recebe as mulheres para cultuá-la. Após os encontros, as mulheres se organizam em círculo e dialogam sobre áreas afins da vida, geralmente sobre inquietações e desentendimentos diversos. Finalizam o círculo do Sagrado Feminino com um exercício que realizam em casa ou no trabalho remunerado e que, muitas vezes, envolvem a prática de sentimentos engavetados. A fase seguinte acontece quando elas realizam a atividade anterior, contudo, é comum algumas delas não seguirem à próxima etapa. Fernanda ficou por tempos na mesma fase. E foi daí que a amizade entre elas ganhou forma.

Nas paredes, dois tons marcam o ambiente: azul e amarelo. "A parede onde fica a imagem da 'Deusa Ísis' é azul e simboliza o céu. E o amarelo, onde ficam os espelhos, é o ouro e o fortalecimento, a energia da mulher. Elas [mulheres de Ísis] fazem aula de costas para o azul e de frente para o amarelo", detalha Maíse.

Algumas tendas envoltas com véus largos em cores de vermelho e dourado caem curvadas, refletindo a luz no teto. Os tecidos partem de pontos diferentes das paredes e se encontram num mesmo ponto da lâmpada-mãe, no meio da cobertura. A luz banha corpos que ali estão em sintonia e em troca de energia.

Mulheres que, por vários motivos, buscaram o espaço por saúde e entretenimento. Quando lá elas chegavam, a energia da rua era bloqueada sempre que seus chinelos repousavam do lado de fora. Elas imaginavam estar despidas de sentimentos de avareza, superioridade e toda a má sorte quando eram tomadas pela energia do chão, com seus pés do jeito que vieram ao mundo.

Muitas mulheres buscam a escola de dança Casa de Ísis com o propósito de elevar a autoestima, melhorar a timidez e se aceitar como realmente são independentemente de cor, crença e biótipo.

"Ou tu te destróis ou tu te constróis. O perdão é isso", narra Maíse.

"VÉUS ADORMECIDOS"

No romper de janeiro de 2020, Maíse conseguira colocar as contas da empresa em dia. Aprendera com os escorregões do comércio a manter as finanças na ponta do lápis: o que entrava e o que saía. A Casa estava cheia, com alunas que fizeram inscrições indicadas por outras mulheres. O espaço era grande, com sala para recepção e atendente. Ela havia organizado toda a agenda e as apresentações que faria nos meses seguintes.

Em uma semana, o convite de trabalho a uma festa árabe particular estava nos últimos ajustes. Organizara os figurinos e elementos para

"Ou tu
te destróis
ou tu
te constróis.
O perdão
é isso."

essa apresentação de dança, além das mulheres que seguiriam com ela. Maíse usaria uma saia pregueada em cor azul vivo, um cinto com pedrarias na barra que caía até a frente, um véu em tom mais claro sobre a cabeça, braceletes, anéis e pulseiras. Nos seios, um bustiê com miçangas costuradas à mão em seu ateliê de costuras. O acerto do pagamento havia sido feito no momento do contrato, pago em dinheiro vivo.

Grupo de dança acionado. As deusas usariam saias e bustiês parecidos com o de Maíse, em cores mais claras. Passaram todos os movimentos da dança em dias anteriores.

Combinaram de se encontrar na escola de dança Casa de Ísis para, juntas, pegarem uma van de um motorista conhecido e assim seguirem para a tal festa. Caía uma chuva fina. A poeira nas flores escorreu junto com a água grossa a conta gotas no chão. Na TV, notícias de um jornal dava conta de um vírus anunciado em 2019 e que uma pandemia iria vitimar milhões de pessoas no mundo todo em meses.

Naquele ano, completava o triste centenário da gripe espanhola que enterrou, na época, cerca de 100 milhões de pessoas em todo o planeta. Os apresentadores na bancada jornalística continuaram a reportagem; comentaram que a China admitira surto a mais uma espécie de vírus. Cogitaram a possibilidade de ser mais um resultado de laboratório e, também, algo naturalizado por alguma coisa que não souberam dizer.

A arrumação doméstica seguia enquanto Maíse dividia a atenção entre uma e outra coisa na tela do televisor. Serviu um copo generoso de suco de araçá acompanhado por biscoitos de polvilho e goiabada. No tapete, um cãozinho de guarda abanava o rabo e, com a boca entreaberta, sorria faceiro para ela, que pegou as sobras do biscoito com a ponta do dedo e o levou à boca, comendo as últimas sobras. Lembrou que precisava sair à procura de pedras decorativas para roupas.

O chuvisco tinha passado. Lançou a mão na alça da bolsa.

Nas ruas, o movimento era grande.

Pessoas iam e vinham a todo o momento.

Falavam todas juntas ao mesmo tempo. Camelôs anunciavam seus produtos. Alguns deles, venezuelanos imigrantes, disputavam a atenção dos clientes; mostravam rolos de bijuterias em prata e dourado.

Prometiam que as peças eram de qualidade e não iriam pretejar; outros anunciavam garrafas com água, café, frutas, artesanatos. O fluxo no comércio manauara seguiu intenso. Imigrantes sobreviviam com coletas de ferro, papelão e plástico em tambores de lixo.

O comércio estava grosso de gente. No tempo abafado, as pessoas enxugavam o suor no rosto e abanavam-se com o que dava. Maíse não se perdia nas ruas encharcadas de gente. Conhecia aquelas avenidas como a palma de suas mãos. Viu Manaus crescer logo após o período ciclo da borracha. Encostou em uma loja que trabalhava com aluguel de produtos diversos para festas.

Fechou a sombrinha e entrou.

Adornos e toda a encomenda passaram no balcão de pagamento. Os atendentes foram acomodando os produtos em caixas e mais caixas enquanto Maíse conversava com a colega de ornamentação. O assunto estava na boca de muita gente: o tal vírus que Maíse havia ouvido no noticiário.

Estaria o vírus no Brasil? Em Manaus? Um cliente que ouvira a fala das mulheres entrou na roda. Ele comentara que o vírus invadia corpos com imunidade baixa e que não passava de uma gripezinha. Além disso, afirmou que os manauaras não teriam motivo para entrar em pânico, já que o clima quente bloqueava a proliferação da doença.

Maíse passou sua cesta com pedras decorativas para roupas no caixa. Guardou o pacote na bolsa. Em casa, percebeu várias ligações de um número não agendado. Quem seria? Havia deixado tudo organizado. Seria mais um convite? Algum festival de dança que não se lembrara? Pensou, enquanto a cabeça procurava por respostas.

Repousou o celular no braço do sofá, que tocou novamente. Era o contratante, cancelando a contratação do grupo feminino de dança, na sua festa. Do outro lado, um programa noticiava o primeiro caso diagnosticado no Amazonas: uma mulher que contraiu o vírus durante uma viagem europeia.

Em menos de trinta dias, a contaminação do vírus se tornou comunitária. Um decreto rigoroso ordenara o fechamento do comércio de produtos não essenciais pelos próximos 15 dias. Pacientes chegavam com falta de oxigênio nos hospitais, mas segundo autoridades, a situação estava sob "controle". Passado esse prazo quinzenal, um toque de recolher

"Sentir
os elementos
na natureza ficou
no imaginário."

proibira o trânsito de pessoas em todos os municípios das 19h às 6h e, em seguida, por 24h. A fila por atendimento multiplicou com o passar dos minutos. Rápido, a superlotação alcançou Manaus. Nas comunidades indígenas a doença chegou tanto quanto. A disseminação era veloz.

Faltou de tudo.

Maíse viu-se obrigada a mudar o templo para uma sala menor. Os convites de trabalho se tornaram pó ao vento. Como tantos autônomos, foi difícil manter as contas em dia. Nos primeiros meses, ela vendera algumas coisas que tinha e conseguiu segurar as pontas, entretanto, por pouco tempo. "As professoras adoeceram. Eu tinha duas professoras e agora elas não querem dar aula porque estão com medo", ressalta Maíse.

Assim como tantas empreendedoras, Maíse ficou impossibilitada de ministrar suas aulas de modo presencial e, assim, ela cogitou a possibilidade de fechar as portas da sua escola de dança quando recebera proposta das alunas para que gravasse videoaulas e as enviasse ao grupo. Elas continuaram pagando as mensalidades a partir dos vídeos de Maíse.

A Casa de Ísis atende na avenida Constantino Nery, em espaço menor onde as mulheres de Ísis, divididas em grupos pequenos, retornaram mascaradas às aulas presenciais. Véus jamais perderam seu brilho. Eles ficaram adormecidos e guardados nas gavetas por todo esse tempo pandêmico, mas agora foram procurados por elas que recordaram, com saudade, os encontros ao ar livre, as conversas, as guloseimas.

"Sentir os elementos na natureza ficou no imaginário", observou Maíse. O grupo de dança Belly Dance Jungle reconstruiu métodos de resistência, reorganizou e adaptou seus movimentos à deusa da fertilidade ao passo que continuam auxiliando outras mulheres que por lá aparecem para trabalhar a dança do ventre como arte e cura.

Você ajudou a escrever este novo capítulo da vida da Maíse ao comprar este livro.

Quer saber o que aconteceu?

Acompanhe pelo site:
https://biografiascolaborativas.com.br/biografia/maise/capitulo-final